패스트 패션

illustration+storia('역사'의 이탈리아어)의 합성어로,
우리와 세계 모든 이들이 함께 이룩한 역사가 일러스트를 만나 태어난, 알기 쉬운 역사 교양 시리즈입니다.

빠르게 만들고 빠르게 버리는 옷의 비밀

패스트 패션

illustoria 002

초판 1쇄 발행 2022년 8월 20일
초판 3쇄 발행 2024년 3월 20일

지은이 기획집단 MOIM
그린이 이해정
펴낸이 김연희

펴 낸 곳 그림씨
출판등록 2016년 10월 25일(제406-251002016000136호)
주 소 경기도 파주시 광인사길 217(파주출판도시)
전 화 (031)955-7525
팩 스 (031)955-7469
이 메 일 grimmsi@hanmail.net

ISBN 979-11-89231-47-7 03330

빠르게 만들고
빠르게 버리는 옷의 비밀

패스트 패션

기획집단 MOIM 글
이해정 그림

그림씨

1부

유행을 만난 패션

• 007

2부

우리가 입는 옷에는 비밀이 있다!

• 055

1

유행을 만난 패션

20세기 초에는 지금처럼 옷 가게가 없었습니다.
대신, 사람이 찾아오면 그에게 맞는 옷을 만들어 주는
가게가 있었지요.
이를 양복점, 양장점, 한복점 등으로 불렀습니다.
양복점은 '서양 양복, 즉 남성의 옷을 지어 주는 가게'이고,
양장점은 '서양 여성 정장을 지어 주는 가게',
한복점은 '한국 전통 옷을 만드는 가게'라는 뜻입니다.

그리고 옷 만드는 사람을 재단사(Tailor)라고 불렀습니다.
오늘날 영어권에서 'Tailor(테일러)'라는 성을 가진 사람들 가운데는 조상이
옷 만드는 직업을 가진 경우가 많습니다.
옷 없이는 살 수 없었기 때문에 재단사들은 어디에나 꽤 많았지요.

제 몸에 딱 맞는
옷을 부탁해요.
네!

겨울
코트용
옷감,
비단
이건 수입품이라
아주 고급지답니다.

옷 한 벌을 맞춰 입으려면

먼저 옷감을 사야 했습니다.

옷감을 사다가 집에서 직접

만들어 입는 경우도 많았습니다.

어쩜, 예쁘게
딱 맞네!

옷 한 벌을 만들려면 며칠이 걸렸지요.

옷감을 구입한 뒤, 옷 가게에 가서 치수를 잽니다.

그럼, 재단사는 치수에 맞게 옷을 가봉*하죠. 가봉한 옷이 잘 맞는지 확인하고, 만일 옷이 안 맞으면 고쳐야 했습니다.

* 옷을 완성하기 전에 몸에 잘 맞는가를 보기 위하여 임시로 듬성듬성하게 바느질을 해 놓은 상태.

소매가 좀 길어요.
고쳐야겠군요. 일주일 뒤에 다시 오세요.

그럴듯한 옷을 한 벌 입기 위해서는

상당한 노력과 시간이 필요했습니다.

오늘날처럼 가게에 가서 옷을 사자마자 입고 다니는 것은

상상하기 힘든 일이었습니다.

이런 풍경은 어느 나라든 똑같았지요.

나라마다 입는 옷의 모양은 달랐지만 만드는 과정은

크게 다르지 않았습니다.

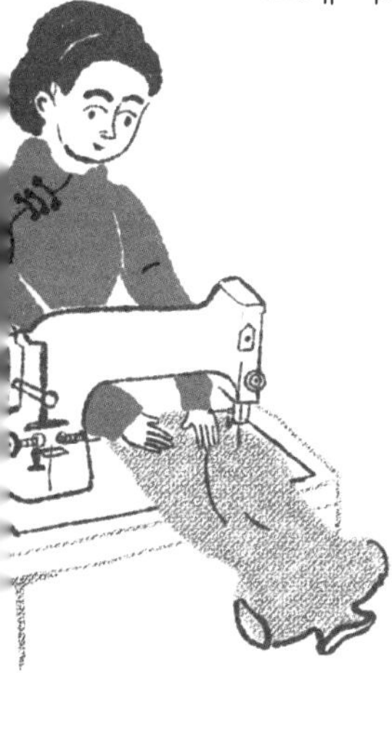

그러던 중 20세기를 전후해서, 의생활에 큰 변화가
불어왔습니다.
부유하고 인구가 많은 몇몇 나라에서
'기성복既成服'이라는 것을 선보이기 시작한 것입니다.

산업혁명이 일어나고 기차, 비행기, 전화 등이 발명되면서,
인간의 생활은 전과 비교할 수 없을 만큼 빨라졌습니다.
음식도 빨리 만들게 되었고, 옷도 빨리 만들어 빨리 입고자 했습니다.

이러한 흐름에 따라 탄생한 것이 기성복입니다.
'기성복'은 '이미 만들어 놓은 옷'이라는 뜻입니다.
손님 몸에 맞추어 옷을 만드는 것이 아니라,
이미 만들어 놓은 옷을 입어 보고, 몸에 맞는 옷을 사는 것이지요.

레디 투 웨어 판매합니다!
기다리지 않고 옷을 바로 사 입을 수 있다니….

영어 '레디 투 웨어(ready-to-wear)'나 프랑스어 '프레타포르테(prêt-à-porter)'는 모두 '입을 준비가 된'이라는 뜻으로, '기성복'을 가리킵니다.

손님
이럴 수가! 난 손님이 와야 옷을 만들 수 있는데…!

기성복의 출현은 옷을 오랜 시간에 걸쳐 맞춰 입어야 했던 사람들에게 놀라운 소식이었습니다.

옷이 필요할 때면 즉시 새 옷을 사 입을 수 있으니까요.

키가 큰 분, 작은 분,
뚱뚱한 분, 날씬한 분,
모두 모두 오세요! 맞는
옷이 다 있습니다!

기성복에는 또 하나의 장점이 있었습니다.

맞춤복은 한 벌을 만들기 위해 많은 정성과 시간을 들여야 한 반면,

기성복은 더 빨리 더 저렴하게 만들 수 있었지요.

양복점에서 옷 만드는 것보다
10분의 1밖에 안 들잖아?
이게 바로 규모의 경제*지!
10만 원
10만 원

* 생산량이 늘수록 비용이 줄어 원가가 절약되는 현상.

기성복을 만들려면 예전과 다른 시스템이 필요했습니다.

맞춤복은 전문가가 한 벌의 옷을 책임지고 만들었기 때문에
자신의 작업 공간에서 일했지요.
그러나 기성복은 다양한 사람들이 만족할 만한 다양한 디자인의 옷을
개발해야 했고, 각 디자인에 따라 다양한 치수의 옷을 만들어야 했습니다.
그러기 위해서는 여러 가지의 일을 분업화한 큰 공장이 필요했습니다.

누군가는 단추만 달고,

누군가는 소매만 만들었지요.

또 누군가는 평생 바지만 만들고,

또 누군가는 평생 청바지만 만들었습니다.

과거에 테일러가 혼자 하던 일을 이제는 공장에서 노동자들 여럿이 나누어 하게 된 것입니다.

천 명이 사는 마을에서 천 벌의 옷을 만들던 때가 지나가고, 천 명이 사는 마을에 만 벌의 옷을 만드는 공장이 서기 시작했습니다.

○○ 기성복
○○ 기성복 팔 가게 모집
○○ 기성복과 함께 할 옷 가게 점주를 모집합니다.
30분 만에 양복 구매 완료!
깡총 깡총

수많은 옷을 생산하게 되니 옷을 팔 상점이 필요했습니다.
수많은 디자인의 옷을 전시하지 않으면 무슨
옷이 있는지 알 수 없으니까요.
그래서 기성복을 진열해 놓고 전문적으로 파는 상점들이
등장하기 시작했습니다.
시간이 지나면서, 값싸고 편리한 기성복이
점점 맞춤복을 대신하게 되었습니다.

복
□□ 기성복
맞춤

옷을 맞춰 입던 때는, 옷이 필요할 때만 만들어 입었습니다.

그러나 기성복이 등장하자 길을 걷다가도 멋진 옷이 보이면 사 입기 시작했지요.

또 1년에 네 번, 계절이 바뀔 때마다 옷을 구입하는 사람들이 늘어났습니다.

맞춤복보다 저렴한 옷을 편리하게 즉시 구입해 입을 수 있으니까요.

기성복
어머 저 옷을 봄꽃 축제에 입고 가야겠어!
봄 신상 입고!

그래!
유행을
만들어서
옷을 사게
만들자!

기성복 공장에서는 1년 내내 쉬지 않고 옷을 만들었지만,

사람들은 주로 계절이 바뀔 때나 특별한 행사가 있을 때만 옷을 샀습니다.

또, 옷이 낡거나 해지지 않는 이상 새 옷을 사지 않았지요.

이런 상황이 지속된다면 옷 공장의 미래는 어두울 것이 분명했습니다.

그러던 중 의류 사업가들은 새로운 생각을 내놓았습니다.

우리들 사이에선 이게 유행이야~

의류 업계에 '유행'이란 것을 도입하기로 한 것입니다.

산업혁명 이전까지 유행은 나라별, 시대별, 신분별로 다를 뿐 매년 바뀌는 것이 아니었습니다.

유행은 적어도 수십 년, 길게는 수백 년 동안 같은 형태로 이어지는 것이었지요.

산업혁명 이전에는 오늘날과 같이 매년 유행이 바뀌는 것은 상상하지 못했습니다.

옷을 더 많이 팔고 싶었던 의류 사업가들은 대중들이 매년 바뀌는 유행에 따르게 만들고 싶었습니다.
그러기 위해선 새로운 옷을 대중에게 보여 줄 기회가 필요했고, 그렇게 탄생한 것이 '패션쇼'입니다.

오늘날 '패션쇼'라고 부르는 행사의 기원을 영국의 패션 디자이너 찰스 프레드릭 워스(Charles Frederick Worth, 1825~1895)에 두는 사람들이 많습니다. 모델의 개념을 처음 도입했기 때문이죠.

그러나 이 시기 패션쇼는 오늘날 패션쇼와는 거리가 멀었습니다.
가게에서 직접 만든 고급 옷을 상류층 몇몇 사람들에게만 보여 주는 행사였지요.

패션쇼
백화점
F/W 패션쇼
장소 OO 백화점
F/W 패션쇼
F/

우리가 아는 현대적 의미의 패션쇼는 1910년대 초에

미국에서 처음 열렸습니다.

기성복을 대중에게 널리 알리고, 입도록 설득하기 위해

열린 것이었지요.

설득하기 위해서는 '유행'이

필요했습니다.

저 드레스는 작년하고 완전히 다른 디자인이잖아? 당장 사야겠어!
저 양복 멋있는데!

저 마네킹이 입은 그대로 다 주세요!
멋져.

그러나 패션쇼는 한정된 장소에서, 한정된 사람들만 볼 수 있었기 때문에, 더 대중적이고 널리 알릴 방식이 필요했습니다.

그러다 1920년대에 백화점에서 마네킹에 옷을 입혀 전시하기 시작했습니다.
사람 대신 사람처럼 보이는 마네킹을 이용한 것이지요.

이처럼 오늘날 우리가 따르는 옷의 유행은 우리의 필요에 의해 탄생한 게 아닙니다.

의류 사업가들이 인위적으로 만든 것이지요.

그때부터 옷은 실용성이라는 울타리를 넘어 새로운 의미를 갖기 시작했습니다.

옷은 따뜻하면 그만이야.
VS
안 더워?
더워도 밍크코트는 포기할 수 없다고.
으악~ 더워~

너풀~
풀~
저 옷을 입은 거 보니 신분이 높은 게 분명해.
대체 그런 옷은 왜 입는 거야?
이게 최신 유행이라고! 그것도 몰라?
VS
이 정도는 돼야 몸을 가릴 수 있지.
몸매가 예쁘게 잘 드러나는 옷이야.
VS

spring
50%
SALE
SUMMER
50%
SALE

의류 사업가들은 끊임없이 새로운 옷을 선보이기 시작했습니다.

1년 내내 공장을 가동하고, 사람들이 기존 옷에 금방 싫증을 내도록 하기 위해서였습니다.

아휴, 머리야! 매번
유행을 만드는 것도
쉽지 않군.

옷 가게 직원들은 1년에 4번 바빴습니다.

계절별로 새로운 옷을 선보여야

사람들이 새로운 옷을 구입할 테니까요.

이때부터 사람들에게 계절마다 새 옷을 장만하는 것은

당연한 일이 되어 갔습니다.

옷이 유행의 대상으로 자리 잡으면서 사람들은

멀쩡한 옷도 유행이 지나면 버리거나 쌓아 두었습니다.

때론 옷의 유행은 또래집단을 나타내는 상징이 되기도 했습니다.

그건 무슨 브랜드냐?
브랜드는 맞는 거야?

옷을 바라보는 시각이 변한 것입니다.

옷에 대한 시각 차이는 오늘날에도 여전합니다.

잘사는 나라와 못사는 나라 시민들 사이에 차이가 있기도 하고, 전통을

중시하는 사회와 현대적 감각을 중시하는 사회 사이에도 차이가 있습니다.

종교별로도, 지역별로도 큰 차이가 있지요.

나이에 따른 차이는 물론이고요.

유행보다는 튼튼한 옷이 최고지!
난 몇 년을 입어도 끄떡없어서 10년동안 입는 사람도 있다니까?
난 이렇게 멀쩡한데도 이미 유행이 지난 몸이라 옷장에서 못 나오고 있어
이렇게 보드랍고 좋으면 뭐해? 유행 지났다고 안 입는 걸

옷에도 부익부 빈익빈 현상이 나타나기 시작했습니다.

매우 값비싼 옷이 있는가 하면, 한 끼 식사 값도 안 하는 옷도 있지요.

옷도 하나의 작품이라고. 한 땀 한 땀 공들여서, 최상의 디자인에 최상의 옷감으로 만들어야 해!
저는 이 옷으로 하겠어요!

상품은 치열하게 얻어야
가치가 올라가는 법!

이러한 현상에 가장 큰 역할을 한 것이
'브랜드'였습니다.
브랜드는 한 회사와 다른 회사의 상품을
구별하기 위해 탄생했습니다.
하지만 시간이 지나면서 브랜드의 차별성은
양극화 현상을 야기할 뿐이었지요.

브랜드의 차별성을 유지하기 위해
특정 기업은 생산량을 조절하기도 했습니다.
갖기 어렵게 함으로써
브랜드의 희소성을 높이는 전략이지요.
소수를 위해 만든 신분과 자기과시를 위한 옷은
무척 비싼 가격에 팔렸습니다.
생산하는 기업도 극소수에 불과했지요.
이들은 연예인이나 유명인을 이용해
브랜드 가치를 높여 나갔습니다.
일반인은 그런 옷을 구하기도 어려웠습니다.

한편, 20세기 중반을 넘어서며
세계가 하나의 공동체로 변모하기 시작했습니다.
세계 곳곳에서 생산되는 수많은 원재료가
비행기, 배를 통해 지구 곳곳으로 빠르게 교류되었지요.
이러한 현상을 '세계화(Globalization)'라고 합니다.

즉 '무역·자본자유화'의 추진으로

재화(상품)·서비스·자본·노동 등이 국제적으로 이동하면서

여러 나라의 경제 활동이 통합된 것이지요.

세계화가 진행되면서 의류 산업도 변화했습니다.
과거에는 한 나라에서 생산한 옷은 그 나라에서 소비했지만,
이제는 노동력이 싼 나라에서 생산한 옷을
잘사는 나라에서 수입해 소비하기 시작했지요.
옷의 가격을 결정하는 데 인건비는 매우 중요합니다.
사람이 재봉틀을 사용해 옷을 생산하기 때문이지요.

* 미국 국제노동 연구소. 2005년 기준.

그래서 의류 산업을 '노동 집약 산업'*이라고 말합니다.

21세기에 세계에서 옷을 가장 많이 생산하는 나라는 중국을 비롯해 방글라데시, 인도, 베트남, 스리랑카, 파키스탄 같은 아시아의 여러 나라들입니다. 물론 이곳에서 생산한 옷들은 모두 다른 나라로 수출합니다.

*생산 요소 가운데 다른 요소에 비하여 노동력이 많이 드는 산업. 즉 의류, 식품, 잡화 따위의 경공업과 서비스 산업, 농림업 등을 말함.

세계에서 옷을 많이 만드는 나라들에는 공통점이 있습니다.
인구 밀도가 높아, 일자리를 구하는 노동자가 많다는 점이지요.
게다가 언어와 문화적 동질성을 가진 젊은이들이 밀집해 있으면 더욱 좋았습니다.
의류 공장의 재봉틀 작업은 의사소통 능력과 집중력이 뛰어난 젊은이들이 잘 하기 때문입니다.

고급 옷의 경우에는 유럽 여러 나라와 미국 등이 생산하고 수출하지요.
평범한 사람은 엄두도 못 낼 만큼 비싼 옷을 만들어, 특수층 사람들을 상대로 판매하는 것입니다.

옷을 가장 많이 소비하는 나라는 몇 가지로 나눌 수 있습니다.
첫 번째는 인구가 많은 나라들입니다.
미국, 중국, 브라질, 인도 등이 이 경우에 속하지요.

두 번째는 고급 옷의 소비량이 많은 나라입니다.
1인당 옷 구입비가 매우 높은데, 대부분 유럽 나라들입니다.

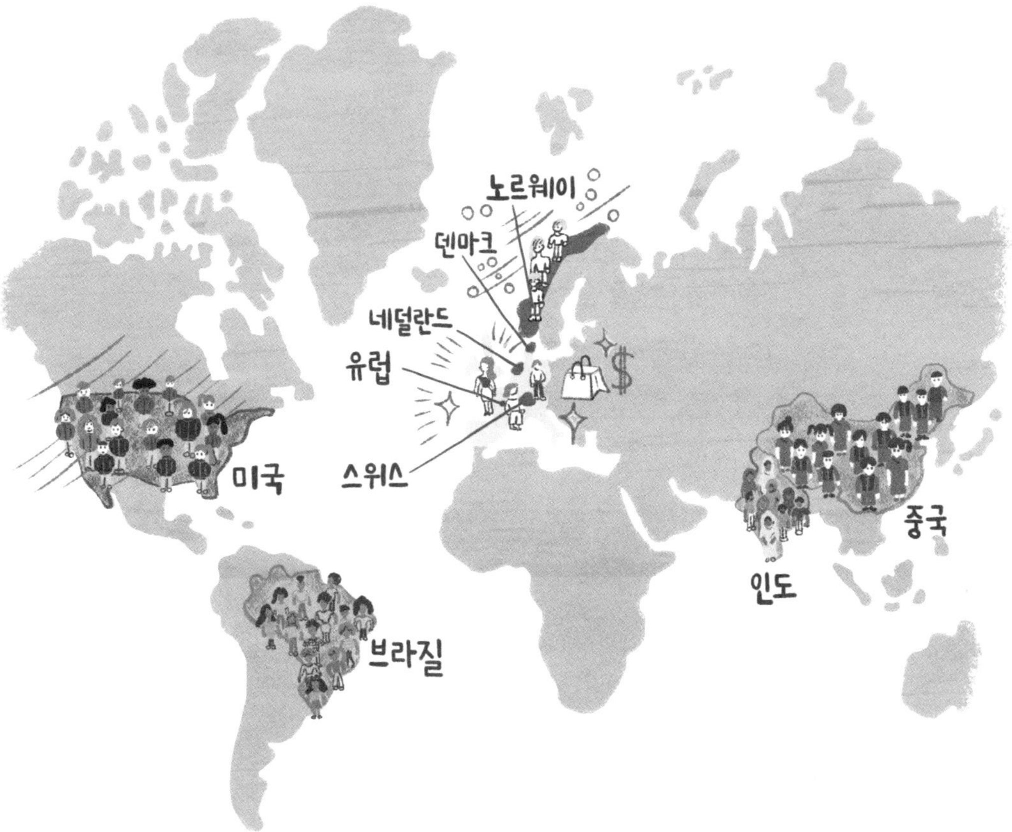

세 번째는 추운 나라입니다.

추운 곳일수록 옷 소비량이 크지요.

노르웨이, 덴마크, 미국, 스위스, 네덜란드 등이 여기에 속합니다.

1인당 국민소득이 높다는 공통점과 함께, 세계 1인당 옷 구입비가 가장 높은 나라들입니다.

세계화가 진행되면서 의류 산업도 큰 변화를 맞게 되었습니다.

20세기 중반까지만 해도 옷의 유행은 계절에 따라 변하곤 했습니다.

봄옷은 작년 봄옷과 달랐고, 여름옷은 작년 여름옷과 다른 유행을 따랐으며, 가을옷과 겨울옷도 마찬가지였지요.

그러나 몇몇 사업가들은 유행이 계절에 따라 변하는 것을 탐탁지 않게 여겼습니다.

새 상품을 1년에 4번만 선보여서는 수익을 내기가 어렵다고 생각했지요.

4월 첫째주 신상
최신 유행하는 옷인가 봐!
가격도 저렴해!

게다가 세계화로 인해 옷 만드는 비용이 크게 줄어 생산은 더욱 수월해졌습니다.

결국 그들은 하루가 다르게 새로운 옷을 선보이기 시작했습니다.

이는 소비자의 다양한 취향을 위한 것이라고 말하는 이들도 있습니다.

하지만 한 달에 한 번, 일주일에 한 번, 새 옷을 필요로 하는 사람은 없지요.

어느 소비자도 일주일에 한 번씩 새 옷을 사려고 하지는 않았으니까요.

2주뒤
어머, 옷이 또 바뀌었잖아?
벌써 다음 주 신상이 기대되는걸!
4월 셋째 주 신상

따라서 1~2주에 한 번 이상 옷 가게를 방문하는 일은

소비자의 필요에 의한 것이 아니라, 기업의 마케팅 활동에 영향을 받은 것입니다.

TESCO
TARGET
COSTCO
Walmar
우리라고 옷을
못 팔 게 뭐 있어?

새로운 시장이 형성되고 성장하자, 이를 따라 한 이들도 있습니다.

대형 마트에서도 옷을 팔기 시작한 것입니다.

시간이 지나면서 세계적인 대형 마트는 자신의 브랜드를 부착한 옷을 판매했지요.

그 옷들은 당연히 방글라데시, 캄보디아 등 값싼 노동력을 보유한 나라에서 만들었습니다.

이러한 방식의 의류 산업에는 몇 가지 조건이 필요합니다.

첫 번째, 신속한 디자인.

기존에는 몇 안 되는 디자이너가 충분한 시간을 갖고 옷을 디자인했습니다.
하지만 이제는 다양한 옷을 빠르게 만들어야 하기 때문에 수백 명의 디자이너가 필요합니다.

오늘 할 일
바쁘다
바빠!!

두 번째, 값싸게 빨리 생산하기.

디자인한 옷을 값싸게 빨리 생산하기 위해서는 공장이 필요합니다.

또 노동력이 싼 곳에 공장을 세워야 하지요.

게다가 빨리 만들어야 하니,

직원들이 야근을 밥 먹듯 해도

불만이 없어야 합니다.

우리나라 노동자들은 절대로 불평하지 않습니다. 우리나라에 공장을 세우세요.
우리 노동자들은 손이 엄청 빠르다고요. 우리나라에 세우세요!
일하고 싶어도 일자리가 없어요. 얼마를 받더라도 무조건 일하겠습니다.

일자리가 부족한 나라들은 어떻게든 일자리를 만들기 위해 세계적인

의류 공장들에게 온갖 편의를 제공하였습니다.

하지만 이렇게 세운 공장들은 후에 큰 문제를 야기했지요.

세 번째, 품질보다는 양!

좋은 품질의 옷을 선보이기 위해서는 좋은 옷감, 좋은 디자인,
좋은 기술을 비롯하여 많은 노력과 비용이 필요합니다.
하지만 이렇게 옷을 만들면 한 달에 한 번, 열흘에 한 번,
일주일에 한 번씩 옷을 선보일 수가 없었지요.

품질이 좋은 옷보다는
다양하고 값싼 새 옷을
빨리 만들어야 했습니다.

한 번 빨았을 뿐인데!
뱌뱌
약!
북
바느질 엉망
후진 옷감
A브랜드
B브랜드
오채 똑같은 옷이지?
재단 불량
디자인 도용
꼼꼼히 만들 시간이 어딨어?

이렇게 만든 수많은 옷들을 진열하고 판매하려면

새로운 유통 방식이 필요했습니다.

과거에는 옷 만드는 일은 공장에서,

파는 일은 옷 가게가 맡았죠.

◇◇ 패션
옷 10벌만 보내주세요.

이런 시스템 아래에서 공장에서 만든 수많은
옷을 바로바로 가게에 보낸다면 어떻게 될까요?
◇◇ 패션

결국 기존 유통 방식과 다른, 새로운 방식의 유통을 고민하게 되었고, 고민 끝에 탄생한 새로운 의류 유통 방식이 바로 'SPA(Specialty store retailer of Private label Apparel)'입니다.

'SPA'는 '전문 소매점(Specialty store retailer)', '자사 상표(Private label)', '의류(Apparel)'가 모여 만든 방식입니다.
즉, '특별한 상표의 의류만을 전문적으로 판매하는 소매점'이라는 뜻이지요.
SPA는 특정 기업이 스스로 디자인하고, 자신의 공장에서 만든 옷을 자신의 상점에서 판매하는 새로운 의류 유통 방식입니다.
현실적으로는 'OEM 방식'으로 제조하여 판매하고 있습니다. 'OEM'은 'Original Equipment Manufacturing'의 약자로, 브랜드를 소유한 갑이 공장을 소유한 을에게, 갑이 요구하는 제품을 만들어 납품하도록 한 방식입니다.
오늘날 세계적인 브랜드의 의류 제품은 대부분 OEM 방식으로 만듭니다.
그 상표가 이탈리아 것이든, 미국 것이든, 프랑스 것이든 만든 곳은 대부분 방글라데시 또는 캄보디아, 중국 등이지요.
우리가 입는 옷도 상표는 다 다르지만, 옷을 만든 나라는 대부분 동남아시아 나라들입니다.

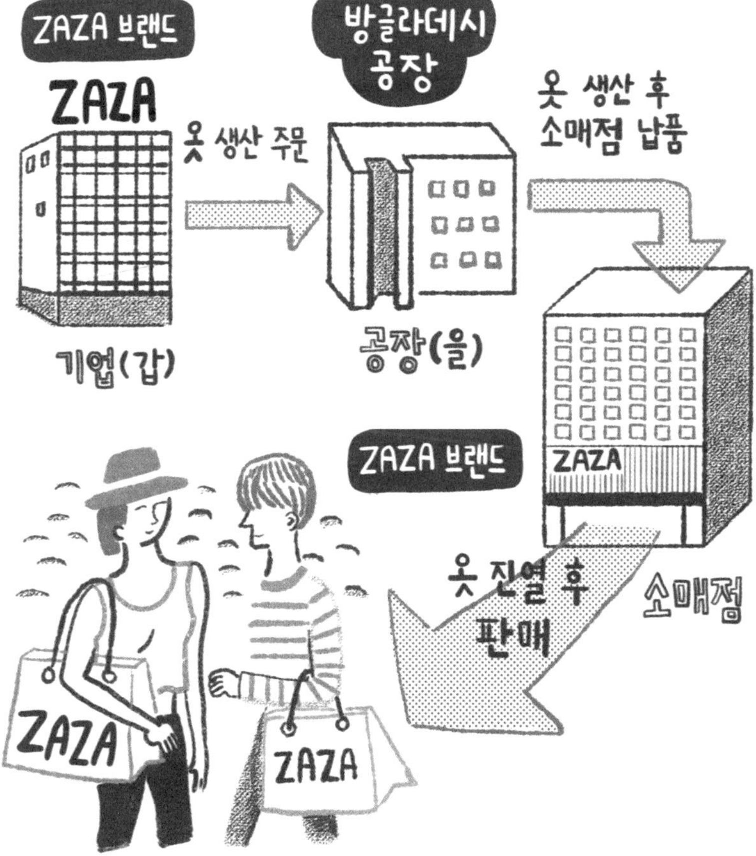
ZAZA 브랜드
ZAZA
옷 생산 주문
기업(갑)
방글라데시 공장
공장(을)
옷 생산 후 소매점 납품
ZAZA 브랜드
ZAZA
소매점
옷 진열 후 판매
ZAZA
ZAZA

처음 SPA 형식의 사업을 구상한 사람이 누구인가에 대해서는 다양한 의견이 있습니다.
따라서 그 기원을 정확히 알 수는 없습니다.

누가 SPA라는 용어를 만들고
누가 이 방식을 처음 도입한 것인지 불분명한 것은,
여러 나라에서 비슷한 시기에 비슷한 방식이 추진되었기 때문입니다.
그리고 이는 소비자들의 전폭적인 지지를 받기 시작했습니다.

유니클로 창업자

야나이 다다시(柳井正, 일본)
1984년에 히로시마에
처음으로 '유니크 클로싱
웨어하우스(Unique
Clothing Warehouse)' 개점.

자라 창업자

아만시오 오르테가(Amancio Ortega, 스페인)와
로살리아 메라(Rosalia Mera, 스페인)
1980년부터 공장을 세워 생산부터 유통까지
직접 운영해, 저가 의류를 신속히 만들어
판매.

SPA의 원조는 바로 나야 나!
UNI QLO
어림없는 소리!
ZARA
SPA 하면 우리 아니겠어?
H&M
후후후. 귀여운 놈들
GAP

에이치앤엠 창업자

얼링 페르손(Erling Persson, 스웨덴)
1968년 H&M(Hennes & Mauritz)
이라는 상표를 만듦.

갭 2대 최고경영자

밀라드 드렉슬러(Millard Drexler. 미국)
1986년, 생산과 유통을 아우르는 의류
브랜드 GAP을 만들면서, SPA라는 용어의
방식을 최초로 도입.

그 후 SPA라는 산업적 개념은 '패스트 패션(Fast fashion)'으로 불리기 시작했습니다.
패스트 패션은 주문하면 즉시 먹을 수 있는 '패스트푸드(Fast food)'에서 차용한 것입니다.

비교적 저렴한 가격대의 옷,
유행에 맞춰 빨리빨리 선보이는 옷,
한 번 입고 폐기해도 괜찮은,
저품질의 옷을 가리키는 용어이기도 하지요.

UNIQLO
ZARA
H&M
GAP
옷을 햄버거 사듯이 살 수 있다고?
저 빼곡히 진열된 옷 좀 봐!
SALE 70%

ZARA 창업자 오르테가
경제학자
자본가
가난한 나라의 대통령
디자이너 머릿속에 있는 옷을 만드는 데 딱 2주면 됩니다!
첨단 유행을 싼 가격에! 이거야말로 소비자 만족을 위한 경제활동
소비가 미덕! 소비가 늘어야 경제가 발전하는 법이지요.
공장이 많이 생길 수 있도록 옷을 많이 사 주십시오!
9900원
패스트 패션은 '소비가 최고!'라고 외치던 사람들의 욕구를 충족시키며 세계적으로 크게 성장했습니다.
원하는 옷을 싼 가격에 가질 수 있다니!

2

우리가 입는 옷에는 비밀이 있다!

지금, 우리 옷장에는 옷이 넘쳐 납니다.
우리 할머니, 할아버지가 살던 때에는 상상할 수 없는 일이지요.

지난 1년 동안 구입한 옷 가운데 만족하며 계속 입는 옷이 몇 벌이나 될까요?
어쩌면 낡아 해질 때까지 입는 건 단 한 벌도 없을지 모릅니다.

강연
'계획적 진부화'란 무엇인가?
강연자
경제학자 김돈돈
어떤 제품을 모든 소비자가 구매하면 그 제품은 더 이상 팔리지 않습니다.
모두가 냉장고를 사면 더 이상 냉장고를 살 사람이 없는 것처럼요?
그렇죠! 물론 아예 없지는 않습니다. 쓰던 것이 고장이 나면 새로 사야겠지요.

하지만 냉장고가 고장 나기만을 기다리다간 회사는 망하고 말 겁니다. 어떻게든 매출을 늘리기 위한 방법을 생각해 내야겠지요. 이때 필요한 개념 중 하나가 '계획적 진부화'입니다.

계획적 진부화? 그게 뭐예요?

쉽게 말하자면, 제품을 낡은 것으로 만들거나, 낡은 것처럼 여기도록 하는 것입니다.

새로 나온 핸드폰 광고를 보는 순간, 갑자기 가지고 있는 게 헌것처럼 느끼죠? 이것이 '계획적 진부화'입니다. 기업들은 다양한 방식으로 이 개념을 활용합니다.

우린
이제 낡았나봐.

시간적 진부화

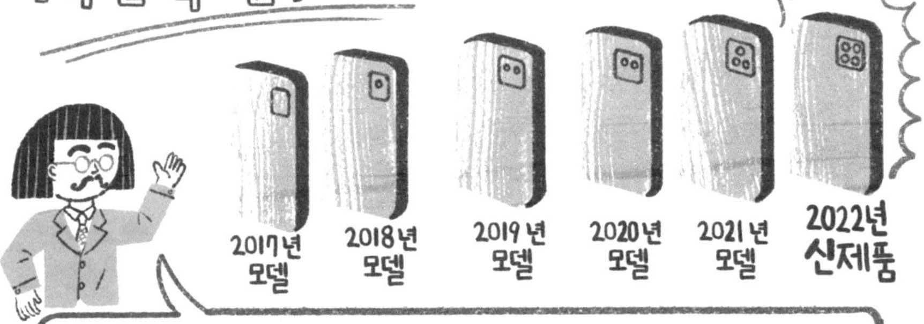

'시간적 진부화'란, 시간이 지나면서 제품이 진부한 것이 되는 경우를 말합니다.
기업은 '2100년식 모델', '2100년 신제품'과 같은 용어를 써서 소비자들이 기존 제품에 대해 시간적 진부화를 느끼게끔 하지요.

기능적 진부화

'기능적 진부화'란, 새로운 기능을 가진 제품이 나오면, 그 기능이 없는 제품은 헌것처럼 느끼는 경우입니다.

심리적 진부화

마지막으로 '심리적 진부화'란, 새로운 디자인, 유행 따위를 강조해 소비자 스스로 자신의 것이 낡았다고 느끼는 경우입니다. 패스트 패션이야말로 '심리적 진부화'의 모범 사례이죠!

그럼 우린 사지 않아도 되는 옷을 사고 있다는 말씀인가요?

당신은 옷이 없어서 옷을 사나요?

그건 아니고….

옷이 많은데 왜 또 옷을 사나요?

집에 있는 옷들은 유행이 다 지나서 입질 못해요.

이것이 바로 '심리적 진부화'라는 겁니다! 매년, 아니 수시로 새 옷을 출시해서 기존의 옷들을 촌스럽게 느끼도록 하는 거지요. 기존의 옷들은 낡지 않았고, 충분히 입을 수 있어요. 그런데 왠지, 입으면 안 될 것 같지 않나요? 그렇게 늘 새 옷을 사야 한다고 느끼는 겁니다.

오늘날 자본주의 경제는 대량 생산·대량 소비가 없으면 발전할 수 없습니다.
패스트 패션은 이에 가장 어울리는 경영 방식이지요.
제품을 많이 만들어야 공장이 돌아가고, 많이 소비해야 장사가 잘되기 때문입니다.

만일 사람들이 근검절약하면 물건이 안 팔릴 것이고,
공장은 생산할 물건이 없을 것입니다.
그러면 일자리가 줄어들어, 시민들은 불만이 늘어나겠지요.

따라서 정치가, 사업가, 소비자 모두 대량 생산, 대량 유통, 대량 소비를 미덕으로 여겼습니다.

돈을 써야 경제가
발전하지!

하지만 21세기에 접어들면서 대량 소비가 과연 바람직한지에 대해 의구심을 품는 사람들이 생겼습니다.

전 세계적으로 진행되고 있는 지구 온난화, 자원 고갈, 환경 파괴 등의 현상을 겪으면서 말이지요.

패스트 패션 산업 역시 성장할수록 그 안에 숨은 문제점들이 드러나기 시작했습니다.

2011년 8월, 에이치앤엠(H&M) 제품을 생산·공급하는 캄보디아의 공장에서 수백 명의 노동자들이 쓰러지는 일이 발생했습니다. 턱없이 부족한 임금, 열악한 작업 환경 등으로 노동자들은

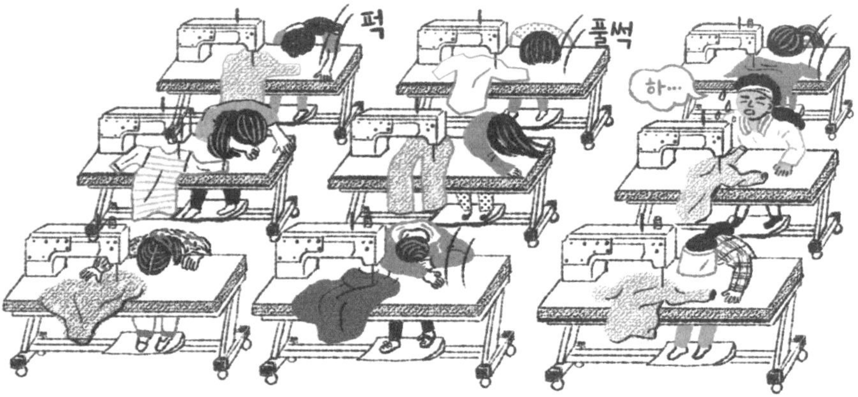

퍽
풀썩
하…

건강이 악화되었고, 다양한 질병으로 목숨을 잃었습니다. 그러나 이후, 이를 뛰어넘는 더욱 충격적인 사건이 일어났습니다.

방글라데시 수도 다카 인근의 사바르(Savar)에는 '라나 플라자'라는 8층짜리 건물이 있었습니다.

원래 4층이었던 이 건물은 더 많은 의류 공장을 입점시켜 돈을 벌려고 네 층을 불법 증축했지요.

불법증축
으흥흥흥~~
돈이 때로 벌리겠군。
소헬 라나
(라나 프라자 건물주)

2013년 4월 23일,

8층 건물에 한 층을 더 불법 증축하던 라나 플라자 건물에 균열이 발견되었습니다.

사람들은 놀라 이를 방송국에 제보했습니다.

그 무렵 라나 플라자에는 세계적인 의류 브랜드인 베네통, 프라다, 구찌, 베르사체 등 여러 회사에 의류를 납품하는 공장들이 있었고, 공장 안에서는 5천 명 가까운 직원들이 빼곡히 앉아 옷을 만들고 있었습니다.

건물에 균열이 발견되자 은행을 비롯한 대부분의 업체는 직원들을 일찍 퇴근시켰지만, 의류 제조 공장은 아랑곳하지 않았지요.

끝까지 일하도록 했고, 이튿날에도 일찍 출근하도록 지시했습니다.

가까이 오지 마세요!
균열이 있어.

빨리 도망쳐요
빨리 도망쳐요. 건물이 갈라지고 있어요!
지금 가면 월급은 없습니다!
옷 공장주
BRAC BANK
건물 엔지니어
얼른 대피하세요!
웅성 웅성

2013년 4월 24일,

다른 업체 직원들은 출근하지 않았지만 의류 공장 직원들은 모두 출근해야 했습니다.

직원들 대부분은 청소년이거나 젊은 여성들이었으며, 급여를 제대로 받으려면 주어진 생산량을 채워야만 했지요.

수천 명의 직원들이 출근한 지 얼마 되지 않아 건물은 정전이 되었습니다.

그러자 꼭대기 층에 있는 디젤 발전기가 가동되기 시작했고, 발전기로 인해 건물은 더욱 흔들리기 시작했습니다.

흔들리는 것 좀 보세요.
어서 사람들을
대피시켜야 합니다.

아직 90벌이나
남았다구!

건물주 소헬 라나는 사람들의 경고를 무시했습니다.

건물에 있는 노동자들에게 대피하라 말하는 사람도 없었습니다.

2013년 4월 24일 오전 8시 57분경,

라나 플라자는 결국 무너져 내렸습니다.

막 출근해 재봉틀 앞에 앉아 작업하던 수천 명의 노동자와 함께 말이지요.

이 사고로 1,134명이 사망했고,

약 2,500명이 부상을 입었습니다.

역사상 유례를 찾기 힘든

대형 사고였지요.

만약 이 사고가

미국이나 유럽의

어느 나라에서 일어났다면,

어땠을까요?

노동자도 사람이다.
노동자는 닭장 속 닭이 아니다!

언제까지 노동자의 피로 만든 옷을 입을 것인가?

그들은 하루 3천 원도 안 되는
돈을 벌기 위해 일하다가 한순간에
목숨을 잃고 말았습니다.
그리고 그 해, 방글라데시에 제조 회사를 둔
패스트 패션 브랜드는 역대 최고 이익을
기록했지요.

옷 한 벌 값의 12%는 브랜드 주인에게, 약 4%는 공장 주인에게 갑니다.

4% 가운데 약 0.6%가 노동자에게 가지요.

이 옷을 만든 노동자의 20배를 브랜드 주인이 가지고 가는 것입니다.

그리고 옷을 판매, 유통하는 이들이 60%를 가져갑니다.

우리가 입는 옷의 원가는 24% 정도 되는 셈입니다.

방글라데시, 캄보디아 시내에서는 구찌, 베네통, 유니클로, 에이치앤엠 등의 브랜드 옷을 입은 시민을 찾아보기 힘듭니다.
그 지역 노동자들의 임금으로는 살 수 없을 만큼 비싸기 때문이지요.

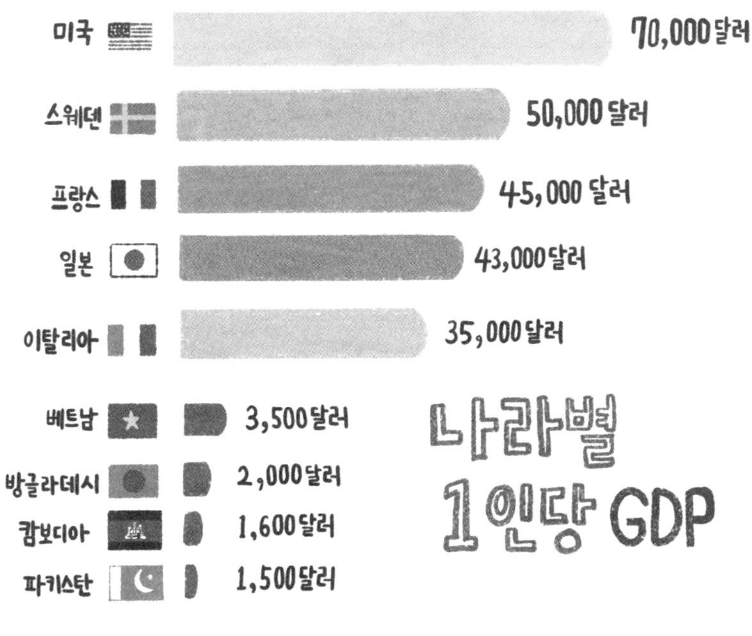

바로 그런 나라에서 노동자들이 인간적인 대우를 받지 못한 채 일하다 참사를 당한 것입니다.

방글라데시 디카의 비극이 일어난 후, 세계 많은 이들이 분노했습니다.

살아남은 노동자들은 경찰의 몇 차례 방해에도 불구하고 죽은 이들을 기리기 위해 2014년 추모비를 세웠습니다.
그리고 매해 4월 24일이 되면, 비극의 유일한 흔적으로 남은 추모비 앞에 꽃을 바치고 희생자를 추모하고 있습니다.

그 후 세계 각국의 노동자들과 시민운동가들이 안전 및 근무 환경 개선책을 요구했고, 세계적 의류 브랜드의 담당자들은 마지못해 이를 수용했습니다.
그러나 내용은 허술하기 짝이 없었고,
비슷한 사건들이 끊이지 않았지요.

임금이 오르긴 했지만,
여전히 빠듯합니다.
월 10만 원이 안 되니까요.

패스트 패션 산업의 문제는 그것만이 전부가 아니었습니다.

소비자들은 수많은 옷을 사지만, 그 안에 담긴 불편한 진실은 알지 못합니다.

패션은
내 삶의 즐거움~
기분 전환에는
쇼핑이
최고야!
FAST
FASHION

패스트 패션, 옷이 '패스트'하게 버려진다

패스트 패션 옷을 10년 동안, 아니 5년 동안, 아니 3년 동안 입으려고 구입하는 사람은 거의 없습니다.

패스트 패션은 엄청난 자원을 낭비하게 만드는 셈이지요.

대부분의 패스트 패션은 합성섬유로 만든다!

자연섬유보다 훨씬 저렴한 합성섬유는 화석연료(석탄과 석유)로 만들지요.
대표적으로 나일론, 폴리에스테르, 아크릴 등이 있습니다.
그리고 이들을 가공하는 공장 또한 화석연료로 가동합니다.

원자재 생산부터 완제품 생산까지, 제조 과정에서 이산화탄소가
배출되는데,
그 양이 자그마치 약 10억 2,500만 톤입니다.
이는 전 세계 이산화탄소 배출량의 10%를 차지하는 양이지요.
게다가 옷의 70% 이상을 차지하고 있는 합성섬유는 플라스틱으로
만들어서, 분해되는 데 약 200년이나 걸립니다.

그 결과, 한 사람이 옷을 입고 버리는
과정에서, 1년에 수억 개의
미세플라스틱을 배출한다고 알려져 있습니다.

티셔츠:
아크릴
자켓:
폴리에스테르
+ 나일론
바지:
폴리에스테르
+ 나일론
운동화:
폴리에스테르

그러니까 나처럼
천연 여우 털로 만든
코트를 입으라고~
사..살려주세요!

천연섬유로 만든 옷, 과연 친환경적일까?

면은 목화에서 얻을 수 있어 친환경적이라 생각하기 쉽지요.
우리의 편견일 뿐입니다. 목화는 병충해에 약합니다.
목화 재배 면적은 전 세계 경작지 가운데 3%밖에 안 되는데 살충제 사용량은 전 세계 사용량의 24%를 차지합니다.*
물, 공기, 땅을 오염시키는 것은 물론이고, 재배하는 농민들의 건강까지 위협하고 있지요.
1킬로그램의 면을 생산하기 위해서는 2만 리터의 물이 필요합니다.

세계적으로 면화 주요 생산지인 인도와 중앙아시아 지역에서는 면화 재배로 인해 지하수가 급격히 고갈되고 있습니다.
세계에서 네 번째로 큰 호수였던 중앙아시아 호수 아랄해는 물길을 인위적으로 돌려 목화 재배에 사용한 결과, 물의 90%가 사라져 사막화가 진행되고 있다고 합니다.

* 세계자원연구소(2017).

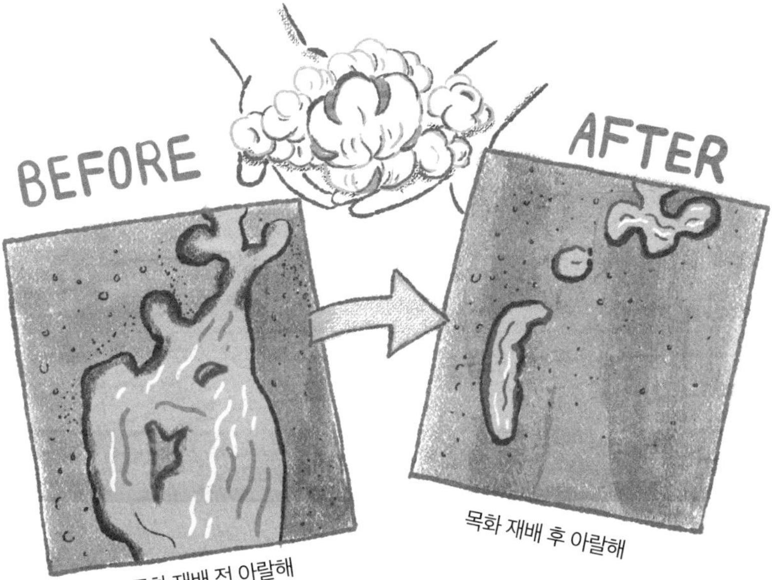

목화 재배 전 아랄해

목화 재배 후 아랄해

세계 의류 생산량의 약 5%를 차지하는 레이온 섬유를 만들기 위해서는 나무가 필요합니다.
알려진 바에 따르면, 의류 생산을 위해 잘리는 나무가 한 해에 7천만 그루입니다.
인도네시아 열대우림이 그렇게 사라지고 있습니다.

그뿐이 아닙니다.
모직 옷을 만들려면 캐시미어가 필요한데,
양과 염소에게서 캐시미어 털을 얻어야 하지요.
그런데 양과 염소는 풀만 뜯어 먹지 않고 풀뿌리까지 캐 먹습니다.
이 때문에 몽골 초원의 90% 가까운 지역이 사막화의 위기에 처해 있습니다.
다른 지역이라고 다르지 않습니다.
대량 생산, 대량 소비 중심의 사회가 지구를 사막으로 만드는 셈입니다.

천연섬유라고 해도 그 가운데 27% 정도는 화학물질입니다.
하지만 이를 아는 사람은 매우 드물지요.

의류 생산 과정에서는 화학물질이 첨가됩니다.
면의 경우 수축을 막기 위해 액체 암모니아를,
레이온은 나무를 녹여 실을 뽑는데, 이때
이황화탄소, 황화수소, 수산화나트륨 등을 사용합니다.

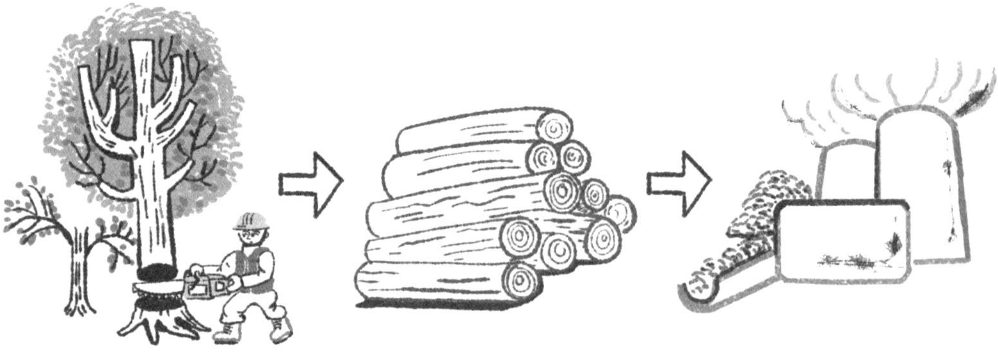

이황화탄소는 제2차 세계대전 당시 독일이 유대인을 학살할 때 사용했던 신경 독가스입니다.

전 세계에서 사용하는 화학물질의 23%가 섬유에 쓰입니다.

유명 상표가 붙은 옷의 절반 이상에서 위험한 화학물질이 검출되기도 했지요.

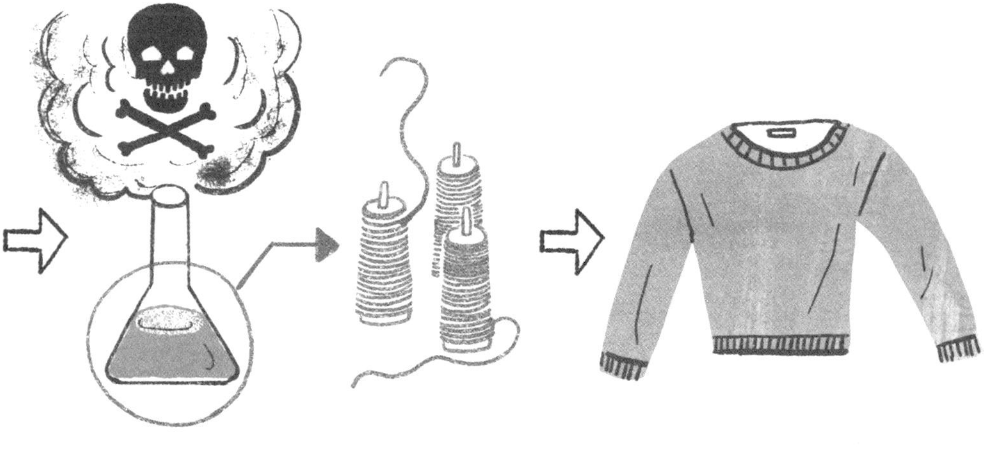

노동력 착취는 패스트 패션의 필수 요소이다?

세계 6위 면화 생산국인 우즈베키스탄에서는 면화 수확철이 되면,
아동 및 성인의 강제 노동이 일상적이라는 보고가 있습니다.
그리고 많은 나라의 의류 공장 노동자들은 주 7일, 하루 14시간 이상
일하는 경우가 흔하지요.
새벽까지 일하는 경우도요.

야근은 기본이고, 초과근무 수당은 상상도 할 수 없습니다.
또 이들에게 노동조합*은 꿈같은 것이지요.
방글라데시의 의류 공장에서는 노동조합을 결성하려 했으나,
제도적 규제와 보이지 않는 압력이 이를 가로막아 겨우 10%만이
노동조합을 결성할 수 있었습니다.

* 노동 조건의 개선改善 및 노동자의 사회적·경제적인 지위
향상을 목적으로 노동자가 조직한 단체.

XS
S
M
L
XL
XXL
누구든 살 수 있도록 여러 사이즈를 갖춰야 해요.

1년에 1,200억 벌!!!

패스트 패션의 장점은 신속성, 편의성, 저렴함이라고 할 수 있습니다. 그리고 이러한 장점들을 위해서는 반드시 필요한 것들이 있지요.

빨리 돌아가는 패스트 패션에서 모든 사이즈가 다 팔리는 일은 드뭅니다. 전 세계에서 1년에 생산하는 의류는 무려 1,200억 벌에 달한다고 합니다. 세계 인구 78억 명이 1년에 16벌 이상을, 다시 말해 1인당 한 달에 두 벌 정도를 구매해야 소비할 수 있는 양이지요.

이 수많은 옷들은 과연 어떻게 될까요?

의류 생산량의 절반 가까이가 폐기되고,

이 중 한 번도 입지 않은 새 옷은 30% 가까이 됩니다.

우리는 껍질 하나로
평~~생을
사는데 말이지.

이렇게 버린 옷은 칠레, 인도, 캄보디아, 탄자니아, 케냐, 가나 등 저개발 국가로 수출되고 있습니다.

일부는 중고 의류 상인에게 되팔지만, 절반 이상은 그대로 폐기물이 되어 쓰레기 산을 만들고 있죠.

소비가 이뤄진 곳과 전혀 상관없는 곳에서 말이지요.

오!
필승
코리아

패스트 패션이 안고 있는 여러 문제들은 많은 사람들에게 경각심을 안겨 주었고, 마침내 행동에 나서기 시작했습니다.

가장 먼저 일어난 움직임은 '슬로 패션(Slow fashion)' 운동입니다.

옷보다 환경이 먼저다!
잘 산 옷 한 벌,
빨리 산 열 벌
안 부럽다!
질 좋고, 친환경 소재의 옷을 입읍시다!

경제적 관점에서 슬로 패션 운동은 반갑지 않을지도 모릅니다. 하지만 슬로 패션을 주장하는 이들은 자원 낭비가 적고 한두 번 입고 버리지 않기 때문에, 1인당 의류비 차원에서 별 차이가 없다고 말합니다. 옷의 생산과 소비의 속도를 늦추는 것에 의미를 두는 것입니다.

2013년 4월 24일 일어난 방글라데시 라나 플라자 붕괴 사건을 잊지 말자는 의미에서, 영국의 패션 레볼루션(Fashion Revolution) 단체에서는 '매해 4월 24일'을 '패션 혁명의 날'로 정했습니다.
패션 혁명이란, 옷의 유행이나 가격만 따질 게 아니라 옷을 누가, 어떻게 만들었는지 등 옷이 환경에 미치는 영향에 관심을 갖자는 취지입니다.
'내가 입는 옷은 누가 만들었나요?(Who made my clothes?)', '내가 입는 옷은 무엇으로 만들었나요?(What's in my clothes?)' 등의 슬로건을 내걸고 다양한 활동을 하고 있습니다.
현재 우리나라를 비롯한 세계 90여 개국 시민 단체, 일부 패션 관계자들이 이에 동참하고 있습니다.

Who made my clothes?
What's in my clothes?
Who made my cl
Who Made my clothes?
Who made my clothes
Who made
What's in my clothes?

매년 불매 운동 대상이 되는 패스트 패션 업체를 발표하는 기관도 있습니다.*
그들이 발표하는 불매 운동 명단에는 우리가 잘 아는 많은 브랜드가 포함되어 있는데, 그 외에도 수많은 브랜드에서 패스트 패션을 만들고 있습니다.

* The Sustainable Living Guide.

이처럼 우리의 의생활을 더 나은 방향으로 이끄는 운동을 펼치는 이들이 많습니다.

어떤 조직은 환경보호를 위해 캠페인을,
어떤 단체는 좋은 자재를 사용하자는 캠페인을 벌입니다.
노동자들의 권익을 위해 일하는 조직도,
의류 산업계의 공정한 활동을 위해 일하는 조직도 있지요.
그러나 이러한 활동은 강제력이나 구속력을 갖지 못해서, 끊임없는
노력에도 불구하고 패션 산업은 크게 개선되지 못하고 있습니다.

전문가들은 말합니다.

2030년에는 전 세계 의류 업체들이 지금의 두 배가 되는 옷을 생산할 거라고 말이지요.

그러면 두 배의 이산화탄소가 발생하고,

두 배의 물을 소비하며,

두 배의 화학물질을 사용할 것입니다.

두 배의 양들을 키우기 위해 두 배의 면적이 사막으로 변할 것입니다.

그 결과,

2030년 인류는 1년에 1억 5천만 톤에 달하는 의류를 버릴 거라고 합니다.

어떤 형태로든 옷을 입지 않는 사람은 단 한 명도 없습니다.
옷을 입는 것은 오직 인간만이 하는 행위이지요.

오늘날 옷은, 패션은, 몸을 보호하는 기능을 넘어 나를 표현하고, 욕구를 충족시키는 도구로서, 일상의 만족도를 올리는 중요한 요소입니다.
그런데 그런 옷에 어떤 이의 고통이 담겨 있고, 옷이 환경과 생태계를 해친다면, 이야기는 다를 겁니다.
우리는 어떤 옷을, 어떻게 입어야 할까요?

만 원짜리 옷이 있는데
10만원짜리 옷을
살 순 없잖아?
내가 그런 돈이
어디 있어?
나만 사지 않는다고
세상이 달라 질까?

한 사람이 세상을 바꿀 수는 없을지 모릅니다.

그렇지만 한 사람이 시작하지 않으면 그 누구도

시작하지 않을 것입니다.

지금 이 순간, 우리는 어떤 고민을 해야 할까요?

우리가 할 수 있는 건 무엇일까요?

글 | 기획집단 MOIM

출판의 새로운 모색과 독자들과의 즐거운 소통을 위해 출판 기획자와 문文·사史·철哲 대중교양서 저술가, 번역가 등의 전문가들이 모인 기획집단입니다. MOIM은 우리말로 '교양을 갖춘 모든 사람을 모이게 한다', 영어로는 'Mozart's Imagination'의 줄임말로, 상상과 창의가 가득한 책을 내고자 하는 바람을 담고 있습니다.

그림 | 이해정

대학에서 시각디자인을 공부했습니다. 따뜻한 상상력을 가득 담아 주로 어린이책 그림을 그리고 있습니다. 쓰고 그린 책으로《어슬렁어슬렁 동네 관찰기》가 있고, 그린 책으로《꽃 아주머니와 비밀의 방》,《딱 한마디 미술사》,《난민 전학생 하야의 소원》,《소녀와 소년, 멋진 사람이 되는 법》,《청소년을 위한 광주 5·18》,《너와 나를 지키는 힘, 동의》 등이 있습니다.

illustoria

일러스토리아illustoria 시리즈 도서들

셀마 대행진

세상을 바꾼 87km
셀마 대행진

박정주 글 | 소복이 그림 | 160쪽 | 13,500원

★행복한아침독서 2022년 아침독서 추천도서 목록(청소년) ★제21회 대한민국 독서대회 지정도서(2022) ★한국어린이출판연합 이달의 꼭 만나볼 책(2022)

아무것도 하지 않으면 아무 일도 일어나지 않는다! 1965년 3월 미국, 그들이 셀마에서 몽고메리까지 '87km'를 걸으며 얻어 내고자 한 것은 무엇이었을까? 흑인 민권 신장 역사에 한 획을 그은, 셀마 대행진 이야기.

패스트 패션

빠르게 만들고 빠르게 버리는 옷의 비밀
패스트 패션

기획집단 MOIM 글 | 이해정 그림 | 104쪽 | 13,500원

★서울특별시교육청 강서도서관 추천도서(2022.12.)

1년에 만드는 옷은 1천억 벌... 버리는 옷은 350억 벌! 우리는 매년 옷을 사는데도 왜, 매년 입을 옷이 없는 것처럼 느끼는 걸까? 지구에서 살아갈 우리가 꼭 알아야 할 패스트 패션의 모든 것!

아프리카 쟁탈전

지도를 바꿔 버린 유럽의 식민지 전쟁
아프리카 쟁탈전

기획집단 MOIM 글 | 2da 그림 | 160쪽 | 14,500원

★고래가 숨쉬는 도서관 신학기 추천도서(2023) ★월간 책씨앗 4월의 추천도서(2023)

아프리카에는 왜 국경이 직선으로 된 부분이 많을까? 우리가 쉽게 떠올리는 아프리카의 모습에는 기나긴 역사가 숨어 있다. 아프리카 대륙에서 일어난 유럽 열강들의 지배와 탐욕의 역사!

핵무기의 모든 것
핵무기를 만든 〈오펜하이머〉는 왜
반핵주의자가 되었나?

인류가 낳은 인류 파괴 BUTTON
핵무기의 모든 것

기획집단 MOIM 글 | 이크종 그림 | 176쪽 | 15,000원

★책씨앗 이달의 주목 신간(2023)

핵무기를 최초로 만든 오펜하이머는 이후, '핵무기 없는 세상'을 꿈꾸는 반핵주의자가 되었다. 과학자의 손에서 탄생하여 정치가의 손으로 넘어간 핵무기의 탄생부터 미래까지, 핵무기의 모든 것!

광고의 역사부터 애드테크까지
광고의 모든 것

김재인 글 | 위수연 그림 | 152쪽 | 15,000원

광고인 듯, 광고 아닌, 광고 같은 광고들…. 어떻게 하면 요즘 같은 광고의 대홍수 시대에서 광고를 똑똑한 눈으로 바라볼 수 있을까? 광고인을 꿈꾸는 이도, 광고 없는 세상을 꿈꾸는 이도 알아야 할, 광고에 대한 모든 것!

끊이지 않는 전쟁, 갈등, 외교를 이해하는 지름길
지정학의 모든 것

기획집단 MOIM 글 | 이크종 그림 | 144쪽 | 15,000원

우리가 '어디'에 위치하고 있는지, 즉 '지리'는 우리의 과거, 현재, 미래에 어떠한 영향을 미칠까? 세계지도를 움직이는 힘은 바로 '지정학'에 있다. 이것이 강대국들이 지정학 연구에 끊임없이 몰두하는 이유다.